D1942372

Text von Alfred Könner
Illustrationen von Karl-Heinz Appelmann

Altberliner Verlag

Olrik

Ein Tag im Leben eines Pinguins

Mit schnellen Flossenschlägen schwamm ein Pinguin dem Festland zu. Sein weißes, seidenes Bäuchlein war proppenvoll mit winzigen Krabben gefüllt. Obwohl er schon satt war, stürzte er sich noch immer auf jeden Schwarm, der ihm vor den Schnabel kam, und fraß und fraß. Auf dem Land nämlich warteten zwei hungrige Junge auf ihn.

Er segelte durchs Wasser wie andere Vögel durch die Luft. So schnell und wendig bewegte er sich. Wer von oben auf ihn blickte, sah nur einen dunklen Schatten durch das Wasser ziehen. Wer von unten auf ihn blickte, sah nur etwas Weißes blitzen, das wie ein Stück vom Himmel war. So gut ist ein Pinguin getarnt.

Olrik schoß aus der Tiefe, um frische Luft zu schnappen. In diesem Augenblick entdeckte er seinen allerärgsten Feind. Unweit der Küste schaute der runde Kopf eines Seeleoparden aus dem Wasser heraus.

Olrik wurde von Entsetzen gepackt. Noch schneller raste er dem Lande zu. Seine Flügelflossen wirbelten wild. Zum Zerspringen hämmerte sein Herz. Vor dem Küstenfelsen schnellte Olrik aus dem Wasser und landete auf dem Eisrand. Unbeweglich blieb er dort stehen und spähte auf das Meer hinaus. Der Seeleopard war verschwunden.

Olrik schaute um sich. Es ging auf den Hochsommer zu. Die Sonne hatte das weiße Gesicht der Antarktis verändert. Ganze Flächen des Meeres lagen jetzt offen. Die starken Sonnenstrahlen brannten den Schnee von den nördlichen Felshängen weg.
An der Eiskante trieben kleine Schollen vorbei. Eine von ihnen war dicht mit Pinguinen besetzt. Die Scholle trieb aufs Meer hinaus. Die Pinguine sprangen ins Wasser und schwammen zum Festland zurück. Sie warteten auf eine neue Scholle, die sie wieder aufs Meer trug. Es war wie ein Spiel.

Bis zu Olrik tönte das Geschrei der Pinguinenkolonie, die in einer Mulde hinter riesigen Felsbrocken lag. Olrik watschelte der Kolonie zu, in der seine Gefährtin auf der Brutstelle saß. Er ließ sich Zeit, war satt und ausgeruht. Um das Gleichgewicht zu halten, hielt er seine Flossenflügel waagerecht.

Unterwegs kam Olrik an einem Kindergarten für kleine Pinguine vorbei. Die zwei oder drei Wochen jungen Tiere wurden von etwa zwanzig alten Pinguinen bewacht. Die Eltern waren inzwischen auf Krebsfang.

Plötzlich nahm ein Küken Reißaus. Halb lief es, halb rutschte es über den Fels. Ein zweites Küken wollte auch einen Ausflug machen und rannte hinterher. Und ein drittes und viertes trippelten ebenfalls mit. Die Kleinen kamen an einen Abhang, auf dem noch Schnee lag. Da rutschten sie auf ihren Bäuchlein den Berg hinab und piepsten dabei aufgeregt.

Jetzt ging Olrik durch die Kolonie. Nest lag hier an Nest. Wo war seine Gefährtin?
»Örk, örk, örk«, ertönte sein Ruf.
»Örk, örk, örk«, antwortete sie.
Olrik schlug eine bestimmte Richtung ein, tappte um die Nester herum. Sie waren ganz und gar aus Steinen gebaut, denn auf dem Felsen gab es weder Reiser noch Kraut.

Endlich war Olrik bei seinem Nest. An der Brust der Mutter kuschelten sich zwei Küken in ihrem braunen Daunenkleid. Sie waren gerade eine Woche alt. Die Küken holten sich das Futter aus seinem Schlund. Nun wachte er bei den Jungen, während das Weibchen behende zum Meer lief, wo es gleich zu jagen begann.

Bald döste Olrik vor sich hin. Plötzlich schlich ein Männchen aus der Nachbarschaft heran und stibitzte einen glänzenden Stein von Olriks Nest.

Olrik bemerkte es im letzten Augenblick und erhob sogleich ein lautes Geschrei. Seine Nackenfedern sträubten sich. Die Augen blickten böse.
Eine fürchterliche Prügelei begann. Auch die Nachbarn mischten sich ein. Mit seinen Flossen teilte Olrik kraftvolle Schläge aus. Der Steindieb duckte sich und machte sich aus dem Staub.